WIE MAN GELD ONLINE VERDIENT

WIE MAN GELD ONLINE VERDIENT

WIE MAN GELD ONLINE VERDIENT

Inhalt

Einführung

Die Mythen zerstören

Beginnend

Arten von legitimen Online-Unternehmen

- **Dienstleistungsunternehmen**
- **Affiliate-Marketing**
- **Verkaufen Sie auf E-Bay**
- **Verdienen Sie Geld mit Mitgliederseiten**
- **Verdienen Sie Geld mit dem Verkauf von Produkten**
- **Verdienen Sie Geld mit dem Verkauf von Produkten vom Typ Information**
- **Verdiene Geld beim Bloggen**
- **Verdiene Geld, indem du andere trainierst**
- **Verdienen Sie Geld im Genealogie-Geschäft**

- Verdienen Sie Geld mit Desktop Publishing
- Aus ungewöhnlichen Ideen ein Unternehmen gründen

Strategien, um Ihr Unternehmen erfolgreich zu machen

- Webseite
- Junk-Mail
- Artikel und andere schriftliche Inhalte
- Kontakte knüpfen für Marketing
- Verschiedene Marketingtechniken

Marketing auf der lustigen Seite

Abschließende Gedanken

Einführung

Wir leben in einer unsicheren Welt, aber es gibt eine Sache, von der wir wissen, dass sie wahr ist... und zwar, dass die Zeiten hart sind. Die Inflation steigt an fast allen Fronten. Sie kämpfen darum, über die Runden zu kommen, aber gerade wenn Sie glauben, dass Sie Fortschritte machen, gibt Ihnen das Leben einen Schlag ins Gesicht.

Die Rechnungen häufen sich, die Kosten für Notwendigkeiten steigen und die Gaspreise schwanken weiterhin. Sie haben eine Zeit in Ihrem Leben erlebt, in der die Arbeit für den Lebensunterhalt Sie weiter in ein Loch zu drängen scheint, das Sie nicht graben können.

Atmen Sie tief ein... Entspannen Sie sich... und lesen Sie dieses Buch, denn es wird Ihnen helfen zu erkennen, dass es eine Antwort auf diese verrückte Situation gibt, in der Sie sich befinden. Man kann seinen Lebensunterhalt verdienen, ohne sich in einer Lawine zu verschütten. Sie können aufstehen und das seelenerwärmende Sonnenlicht sehen, das andere gesehen haben.

Finden Sie Trost in dem Wissen, dass der innere Frieden in Ihrer Reichweite ist; und wir zeigen Ihnen, wie Sie ihn finden können, indem Sie Ihr Einkommen online abrufen.

Die Mythen zerstören

Da es darum geht, seinen Lebensunterhalt online zu verdienen, ist es wichtig, dass die Probleme des Internetbetrugs angegangen werden. Sie wollen sich dessen bewusst sein, aber es gibt keinen Grund, sich bei der Entscheidung, welchen Weg das Online-Geschäft einschlagen soll, von Zweifeln leiten zu lassen.

Scams, Spam und Betrug scheinen heutzutage gleichbedeutend mit dem Wort Internet zu sein. Viele Zyniker haben diese Art, ihren Lebensunterhalt zu verdienen, nur weil das Internet im Spiel ist. Sie werden Betrug oder Betrug auf den Dächern schreien, wenn sie von jeder Art von Möglichkeit hören, online Geld zu verdienen.

Obwohl es im kommerziellen Online-Cyberspace Betrügereien gibt, gibt es viele legitime Möglichkeiten, die es zu erforschen gilt. Die Recherche liefert Ihnen eine Fülle von Informationen und Tipps, wie Sie diese Betrügereien aufspüren können, damit Sie vorankommen und Ihren Lebensunterhalt bequem von zu Hause aus bestreiten können.

Im Laufe der Jahre haben Betrügereien und Betrug in allen Bereichen des Internets zugenommen, was verständlicherweise dazu geführt hat, dass die Menschen besorgt sind, etwas online zu tun. Es gibt legitime Möglichkeiten, im Internet Geld zu verdienen - viele Menschen haben dies erfolgreich getan und tun dies auch heute noch. Lassen Sie sich diese Gelegenheit also nicht wegen verbliebener Zweifel entgehen.

Dieses Buch wird Ihnen zeigen, wie Sie auf legitime Weise Geld verdienen können und wie Sie diese fiesen Betrügereien vermeiden, die Sie ausnutzen könnten.

WIE MAN GELD ONLINE VERDIENT

Je besser Sie über Internet-Betrügereien informiert sind, desto sicherer sind Sie auf der Suche nach einem Online-Geschäft. Übernehmen Sie die Führung und kontrollieren Sie die Zukunft Ihres Unternehmens, bevor jemand versucht, Sie auszunutzen. Lassen Sie uns mit einigen der Mythen des Betrugs aufräumen!

Hier sind einige der populären Aussagen der meisten Internetbetrüger und die Wahrheit dahinter:

Mythos: "Geld verdienen über Nacht!" Diese Betrügereien versprechen Ihnen eine Möglichkeit, Geld zu verdienen, während Sie schlafen. Sie lassen es so aussehen, als ob es wenig Arbeit wäre, dies zu erreichen.

Die Wahrheit: Es ist zwar möglich, dies zu tun, aber es wird viel Arbeit und viel Hingabe erfordern, diesen Anspruch zu erheben. Die meisten Online-Geschäfte werden eine Weile brauchen, um anzufangen, aber am Ende wird es Ihre Mühe wert sein.

Mythos: "Verwandeln Sie Ihren Computer in einen Geldautomaten, um Geld zu verdienen! - Tatsächlich gibt es viele Aussagen, die mit dieser Art von Verkaufsgespräch beginnen.

Richtig: Die Aussage selbst mag stimmen, aber hüten Sie sich vor einem Verkaufsgespräch, das auf diese Weise beginnt. Die meisten Online-Geschäftsmöglichkeiten verkaufen das Geschäft selbst. Betrüger neigen dazu, den Vorteil des Geldverdienens zu verkaufen. In diesem Fall gibt es in der Regel kein Geschäft für Sie. Für die Betrüger verdienen sie Geld an Menschen, die sie für das bezahlen, was sie ihnen angeblich geben wollen.

Mythos: "Starten Sie Ihr Unternehmen umsonst, es geht nicht um Geld!" Sie fördern die Tatsache, dass Sie ein Unternehmen gründen können, für das Sie absolut kein Geld in Form von Gründungsgebühren benötigen.

Die Wahrheit: Diese Art von Betrug wird die Aussage "kein Geld im Spiel" schreien, sich dann aber umdrehen und Sie bitten, ihnen eine bestimmte Menge an Informationen darüber zu zahlen, wie man ein Unternehmen kostenlos gründen kann. Hmm... Stehen sie nicht im Widerspruch zu sich selbst? Die Gründung eines Unternehmens ist mit einigen Kosten verbunden, die aber selten die Bank sprengen.

Mythos: "Beginnen Sie zu Hause mit dem Schreiben für Ihren Lebensunterhalt": Diese Aussage ähnelt vielen anderen im Internet, die behaupten, dass Sie von zu Hause aus mit Ihrer Schreibmaschine oder, in einigen

Fällen, mit Ihren Dateneingabefähigkeiten ein Unternehmen gründen können.

Die Wahrheit: Ja, man kann Geld verdienen, indem man von zu Hause aus schreibt oder Daten eingibt. Bieten Sie Ihren Kunden am besten diese Dienstleistungen an und vermeiden Sie es, Betrüger für Informationen darüber zu bezahlen, wie man das macht. Sie können herausfinden, wie Sie dies tun können, mit Ihrer eigenen kostenlosen Forschung!

Es gibt noch viele weitere Betrugsmöglichkeiten, aber diese werden Ihnen einige Ideen darüber geben, wie diese Betrügereien funktionieren und wer sie gerne ausnutzt. Informieren Sie sich über Ihre Möglichkeiten und scheuen Sie sich nicht, Gelegenheiten zu prüfen, die Ihnen unangenehm sind.

Beginnend

Die Angst vor dem Gründungsprozess führt dazu, dass die Menschen die Gründung eines eigenen Unternehmens hinauszögern. Diese Angst läuft in der Regel darauf hinaus, dass sie einfach nicht wissen, wie sie es machen sollen oder wo sie anfangen sollen. Dieser Bericht wird Ihnen bei diesem Prozess helfen, so dass Sie Ihre Ängste besänftigen und die Startphase leicht überstehen können.

Beginnen wir mit einigen häufig gestellten Fragen, die die meisten Neulinge im Gründungsprozess haben.

"Muss ich besondere Fähigkeiten oder Qualifikationen haben, um mein eigenes Unternehmen zu gründen?

Sie müssen über einige Kenntnisse in dem Bereich verfügen, in dem Sie beginnen, aber Sie brauchen keinen Hochschul- oder Wirtschaftsabschluss, um in Ihrem eigenen Unternehmen tätig zu werden. Das hängt natürlich von der Art des Unternehmens ab, das Sie gründen möchten.

Eine einfache Untersuchung des Bereichs, in dem Ihr potentielles Unternehmen angesiedelt sein wird, reicht aus, um Ihnen in den meisten Fällen das zu liefern, was Sie benötigen. Wenn Sie planen, eine Dienstleistung wie Webdesign usw. anzubieten, sollten Sie einige Kenntnisse in diesem Bereich haben, bevor Sie versuchen, Ihr Unternehmen zu gründen.

Hochschulabschlüsse und Erfahrung sind immer hilfreich, um Erfahrungen in einem Bereich zu sammeln, aber im Allgemeinen brauchen Sie keinen Abschluss, um Ihr eigenes Online-Geschäft zu haben. Wissen hat online mehr Macht, deshalb wird es wichtiger sein, alles zu lesen, was Sie in die Hände bekommen können und was Ihr Fachgebiet betrifft.

Wird es viel Geld kosten?

Die Gründung eines eigenen Online-Geschäfts kostet in der Regel nicht viel Geld. Das Geld, das Sie investieren, ist hauptsächlich für einen Computer, einen Internetzugang und eine Website bestimmt. Alle anderen Kosten richten sich nach der Art des Unternehmens, in das Sie einsteigen möchten.

Die Unternehmen, die die von Ihnen erstellten Artikel verkaufen werden, benötigen etwas Geld, um die Inventarartikel zu lagern, aber zu diesem Zweck finden Sie im Internet tolle Angebote. Wenn Sie planen, eine Dienstleistung, wie z.B. Webdesign, zu verkaufen, müssen Sie Softwareprogramme zu Ihrer Liste der zu kaufenden Tools hinzufügen.

In den meisten Fällen müssen Sie nicht zu Ihrer örtlichen Bank gehen und darum betteln, dass sie Ihnen einen Kredit anbietet. Finden Sie die besten Angebote für die Artikel, die Sie für das von Ihnen gewählte Geschäft benötigen, und Sie müssen sich keine Sorgen über die Zinssätze machen, die ein Kredit Ihrem Budget hinzufügen würde.

"Werde ich immer noch in der Lage sein, mein eigenes Online-Geschäft zu gründen, auch wenn ich noch nie ein eigenes Geschäft betrieben habe?

Auf jeden Fall. Hunderte von Internet-Verkäufern haben ihr eigenes Unternehmen gegründet und waren ohne vorherige Geschäftserfahrung erfolgreich. Wiederum summiert sich alles auf den Zeit- und

Arbeitsaufwand, den Sie in Ihre Forschung investieren.

Das Internet selbst hält eine Vielzahl von Informationen bereit, die Ihnen helfen, alle Aspekte des Unternehmens, das Sie gründen möchten, kennen zu lernen. Sie können Tipps, Tricks und alle Arten von Informationen von Leuten finden, die dort gewesen sind und dies getan haben, also nutzen Sie diese Ressource, um die Kraft zu bekommen, die Ihnen das Wissen vermittelt.

"Wie viel Geld kann ich mit einem Online-Geschäft verdienen?

Dies wird von vielen Faktoren abhängen. Welches Unternehmen Sie gründen, wie viel Zeit und Mühe Sie dafür aufwenden und wie sich Ihr Angebot auszahlt - all das spielt eine Rolle bei dem, was Sie im Wesentlichen tun werden.

Einige Internet-Verkäufer verdienen ein sechsstelliges Einkommen, während andere den gleichen Betrag verdienen, den ein Vollzeitbeschäftigter im Fastfood-Bereich normalerweise verdient. Ganz gleich, wie viel Ihr Unternehmen erwirtschaftet, Sie werden immer noch denen voraus sein, die zu Ihren Arbeitsplätzen reisen. Das Geld, das sie für Benzin, Arbeitskleidung und Mahlzeiten usw. ausgeben, ist Geld, das in ihre Tasche fließt und nicht in die eines anderen.

"Brauche ich wirklich eine Website?"

Sie benötigen eine Website, um Ihr Unternehmen zu betreiben. Sie müssen Ihre Produkte verkaufen oder potenziellen Kunden zeigen, welche Dienstleistungen Sie zu bieten haben. Es dient als Ihr "Büro" oder "Geschäft" würde, nur dass Sie keinen teuren Raum in einem Gebäude mieten müssen, um es für Ihr Online-Geschäft zu nutzen.

Websites sind ziemlich einfach zu erstellen, wenn Sie eines der vielen Website-Design-Softwareprogramme oder Website-Erstellungsdienste verwenden. Wenn Sie es wünschen, können Sie auch einen Webdesigner beauftragen, um eine ausgezeichnete Website für Ihr Unternehmen zu erstellen, lassen Sie sich also nicht von Ihrem Mangel an Webdesign-Fähigkeiten abhalten.

"Benötige ich spezielle Unternehmenslizenzen, um ein Online-Geschäft zu betreiben?

Erkundigen Sie sich bei Ihren lokalen Regierungsbehörden, was Sie in Ihrer Region benötigen werden. Jeder Bereich ist anders, daher sollten Sie am besten prüfen, was Sie benötigen, bevor Sie Ihr Geschäft aufnehmen.

"Ich bin nervös, wenn ich Geld von Kunden annehme. Was ist, wenn ich das Zahlungsverarbeitungssystem durcheinander bringe?

Wenn Sie Artikel verkaufen, werden Sie ein Online-Zahlungssystem wie PayPal oder Clickbank verwenden wollen. Diese Programme übernehmen den gesamten Zahlungsprozess für Sie, einschließlich Rückerstattungen. Die Warenkorb-Software wird oft mit einem Web-Building-Programm geliefert, also nutzen Sie diese Möglichkeit.

Arten von legitimen Online-Unternehmen

Es gibt verschiedene Arten von Online-Geschäften, aus denen Sie wählen können, um anzufangen. Sie sollten jede Option prüfen und sehen, welche Ihren Bedürfnissen entspricht, bevor Sie fortfahren. Hier sind einige der beliebtesten Online-Geschäfte, an denen Menschen beteiligt sind und was jedes einzelne mit sich bringt:

Dienstleistungsunternehmen

Ein dienstleistungsorientiertes Unternehmen ist ein Unternehmen, das potenziellen Kunden irgendeine Form von Dienstleistung anbietet. Einige davon sind:

- Schreiben
- Webdesign
- Buchhaltung/Buchhaltung
- Virtueller Assistent

Andere Kleinunternehmer finden es schwierig, alle ihre Geschäftsaufgaben selbst zu erledigen, so dass sie diese Projekte an eine andere Person weitervergeben. Sie suchen nach Menschen, die die für sie notwendigen Dienstleistungen erbringen.

Wenn Sie Erfahrung in einigen dieser Bereiche haben, können Sie diese als

Dienstleistung anbieten, indem Sie Ihr eigenes Unternehmen durch Selbstverkauf gründen. Wenn Sie zum Beispiel etwas Erfahrung im Schreiben haben und gut schreiben können, können Sie dies als Service für andere Menschen anbieten, die auf ihren Websites schreiben müssen.

Welche Fähigkeiten werden benötigt?

Abhängig von der Art der Dienstleistung, die Sie Ihren potenziellen Kunden anbieten möchten, sollten Sie einige Fähigkeiten mitbringen.

Sie brauchen keinen Bildungsabschluss, um diese Dienstleistungen zu erbringen, aber die Kunden möchten sehen, dass Sie über eine gewisse Erfahrung verfügen, um die Aufgaben zu erfüllen, die sie erledigen müssen.

Die Online-Arbeit bietet nicht den persönlichen Kontakt, den physische Unternehmen bei der Einstellung von Mitarbeitern haben. Vertrauen wird online etwas schwieriger, so dass die Menschen gerne wissen möchten, dass die Person, die sie einstellen, über Fähigkeiten und Kenntnisse in einem bestimmten Bereich verfügt.

Es ist zwar nicht notwendig, mehr als 10 Jahre Erfahrung in der Erbringung einer Dienstleistung zu haben, aber die Tatsache, dass Sie dies schon einmal getan haben und einige Zeugnisse haben, die diese Behauptung unterstützen, hilft enorm.

Welche Instrumente werden benötigt?

Welche Instrumente Sie benötigen, hängt von der Art der Dienstleistungen ab, die Sie anbieten möchten. Die häufigsten, die die meisten dienstleistungsorientierten Unternehmen haben sollten, sind:

- Computer
- Zuverlässiger Internetzugang
- Telefon
- E-Mail-Programm
- Website

Wahrscheinlich wird es auch einige Software-Programme zu erhalten geben.

Jeder Dienst verwendet einige wenige verschiedene, aber die meisten benötigen ein Textverarbeitungsprogramm, ein Excel-Programm und einige verwenden ein Webdesign-Programm.

Sie sollten ein Instant-Messaging-Programm für diejenigen Kunden in Betracht ziehen, die Sie sofort kontaktieren möchten, ohne das

Telefon benutzen zu müssen, um anzurufen oder auf eine Antwort per E-Mail zu warten.

Wie fangen Sie an?

Als erstes müssen Sie entscheiden, welche Art von Dienstleistung Sie Ihren Kunden anbieten wollen. Schreiben Sie alles auf, was Ihnen einfällt und aus dem hervorgeht, dass Sie auf dem betreffenden Gebiet Erfahrung oder Kenntnisse haben.

Erstellen Sie dann Ihre Website. Präsentieren Sie Ihre Fähigkeiten oder Erfahrungen auf Ihrer Website und geben Sie Kunden Zeugnisse von anderen, die Ihre Fähigkeiten genutzt haben und mit den Ergebnissen zufrieden sind. Veröffentlichen Sie Ihre Tarife und alle anderen Informationen darüber, wie Sie Ihr Unternehmen führen.

Vermarkten Sie Ihre Website an verschiedenen Stellen im Internet, damit Ihr

Online-Geschäft für potenzielle Kunden auffindbar und konsultierbar ist. Wenn sich Kunden an Sie wenden, um sich für eine Dienstleistung anzumelden, die sie benötigen, wiederholen Sie, wie die Dinge laufen. Lassen Sie sie z.B. wissen, wie ihnen die geleistete Arbeit in Rechnung gestellt wird und wie viel sie kosten wird, usw.

Es wird eine Weile dauern, eine Liste von Stammkunden zu erstellen, also erwarten Sie nicht, dass Sie sofort viel Geld verdienen werden. Lassen Sie sich Zeit und werben Sie so lange für Ihr dienstleistungsorientiertes Geschäft, bis Sie an den Punkt kommen, an dem Sie Kunden praktisch ablehnen, weil Sie zu beschäftigt sind.

Ein dienstleistungsorientiertes Unternehmen zu führen ist eine perfekte Option für diejenigen, die diese Dienstleistung bereits in einem anderen Beruf erbringen. In den meisten Fällen könnten Sie mit diesen

Dienstleistungen online mehr Geld verdienen, als wenn Sie an einem physischen Arbeitsplatz arbeiten würden.

Affiliate-Marketing

Dies ist ein Online-Geschäft, bei dem Sie Ihre Verkaufs- und Marketingexpertise einsetzen, um Verbraucher dazu zu bewegen, Produkte anderer Leute zu kaufen und mit dem von Ihnen getätigten Verkauf ein Einkommen zu erzielen. Gewöhnlich würden Sie einen vorher festgelegten Geldbetrag auf der Grundlage der Verkäufe dieser Produkte verdienen, aber in einigen Fällen können Sie möglicherweise Geld mit den Klicks auf Ihrer Website verdienen, die die Verbraucher zu den Partner-Websites führen.

Manchmal können Sie Geld verdienen, indem Sie Kunden dazu bringen, sich für den Erhalt von Artikeln auf den Partner-Websites, wie z.B. Newsletter usw., anzumelden. Jedes Affiliate-Programm wird dies im Detail darüber diskutieren, wie es funktioniert. Wenn Sie sich also für das jeweilige Programm anmelden, sollten Sie sich vergewissern, wie Ihr Prozess funktioniert. Dies geschieht über einen Affiliate-Link, den Sie auf Ihrer Website platzieren können.

Welche Fähigkeiten sind nützlich?

Sie müssen kein Verkäufer oder Verkäufer sein, um ein Partnerverkäufer zu sein. Es wird jedoch wichtig sein, zu wissen, wie diese Dinge zu tun sind. Erfahren Sie alles darüber, wie Online-Marketing funktioniert, und lernen Sie von anderen Top-Vermarktern, wie man ein erfolgreicher Affiliate-Vermarkter wird.

Es wird viel harte Arbeit und Hingabe erfordern, um Ihr Affiliate-Marketing-Geschäft erfolgreich zu machen. Wenn Sie nicht die Zeit oder den Wunsch haben, hart zu arbeiten, betrachten Sie dies nicht als Ihr Online-Geschäft.

Welche Instrumente benötigen Sie?

Die benötigten Werkzeuge werden minimal sein. Neben dem üblichen Computer mit zuverlässigem Internetzugang benötigen Sie eine Website, um die Affiliate-Produkte zu verkaufen. Sie müssen sich nicht mit den Produkten eindecken, nur um sie zu verkaufen.

Ihre Website wird regelmäßig neue Inhalte benötigen. Seien Sie also bereit, einige Artikel selbst zu schreiben oder jemanden damit zu beauftragen, dies für Sie zu tun. Ein Blog, der einen Link zu Ihrer Website enthält, wird auch für die Suchmaschinen nützlich sein, um mit Ihnen zufrieden zu sein.

Wie fangen Sie an?

Sie müssen feststellen, welche Nische Sie für Ihre Affiliate-Marketing-Website haben. Damit heben Sie sich von Ihren Konkurrenten ab. Sie könnten zum Beispiel die Ernährung als Ihre Nische nutzen. Erstellen Sie dann eine Website auf der Grundlage der Nische, die Sie für Ihr Unternehmen gewählt haben.

Finden Sie dann Partnerprodukte, die Sie von dieser Website aus verkaufen können. Stellen Sie sicher, dass die Produkte, die Sie für Ihr Unternehmen verkaufen möchten, in irgendeiner Weise mit der Nische zusammenhängen, die Sie für Ihr Affiliate-Marketing-Geschäft gewählt haben.

Wenn Ihre Nische auf dem Gebiet der Ernährung liegt, werden Sie dann Affiliate-Produkte anbieten wollen, die in irgendeiner Weise mit Ernährung zu tun haben. Wenn Sie in Ihrem Unternehmen keine verwandten Produkte anbieten, laufen Sie Gefahr, unprofessionell zu erscheinen, und auch die Suchmaschinen werden nicht sehr zufrieden mit Ihnen sein.

Es gibt viele Menschen, die mit dieser Art von Geschäften gutes Geld verdienen. Es ist wichtig, sich daran zu erinnern, dass die meiste Arbeit, die Sie in dieser Art von Geschäft haben werden, darin besteht, Ihre Website zu vermarkten, damit die Verbraucher sie finden können. Wenn sie Sie finden, sollte Ihre Website in der Lage sein, ihr Interesse an Ihren Produkten so weit zu wecken, dass sie über Ihre Links kaufen.

Verkaufen Sie auf E-Bay

Dies ist ein weiteres beliebtes Online-Geschäft, mit dem viele Menschen beginnen. E-Bay ist eine beliebte Website für Online-Auktionen, die täglich von Millionen von Menschen genutzt wird, um gute Angebote für die gesuchten Artikel zu finden.

Sie können sowohl alles verkaufen, was Sie zu Hause haben, als auch Artikel über eine direkte Versandmethode verkaufen. Wenn Sie eine Suche auf der E-Bay-Website durchführen, sehen Sie eine Vielzahl von Artikeln, die von den Leuten verkauft werden. Dabei kann es sich um gebrauchte Artikel oder neue Artikel handeln, die von Großhändlern kommen. So oder so, die Menschen werden gutes Geld bezahlen, wenn Sie ihnen das bieten, was sie suchen.

Manche gehen sogar so weit, Artikel auf Flohmärkten und Garagenverkäufen zu kaufen, nur um sie dann auf Ebay gewinnbringend weiterzuverkaufen.

Welche Fähigkeiten sind nützlich?

Es gibt nicht viele Fähigkeiten, die Sie benötigen würden, um Artikel über E-Bay zu verkaufen. Die Fähigkeit, Ihre Artikel zu vermarkten, wird das Wichtigste sein. Die Leute können auf der Website nach den von Ihnen verkauften Artikeln suchen, aber wenn Sie mit dieser Art von Geschäft Geld verdienen möchten, werden Sie diese Artikel anderswo vermarkten wollen, damit die Leute sie finden.

Wenn Sie Gegenstände von zu Hause aus verkaufen, sollten Sie in der Lage sein, ein gutes Foto von dem Gegenstand zu machen, damit die Leute sehen können, in welcher Form er sich befindet.

 WIE MAN GELD ONLINE VERDIENT

Welche Instrumente benötigen Sie?

Wirklich, das einzige Werkzeug, das Sie benötigen, um diese Art von Geschäft zu starten, ist ein E-Bay-Konto, um Ihre Artikel zu verkaufen. Wenn Sie planen, eine direkte Versandmethode zu verwenden, müssen Sie einen Großhändler finden, der die Artikel direkt an die Kunden versendet.

Sie benötigen Zugang zu einem Computer mit zuverlässigem Internetzugang, um Ihre Verkäufe zu verfolgen. Sie benötigen auch ein Online-Konto wie PayPal, um Geld von Ihren Kunden zu erhalten.

Wie fangen Sie an?

Melden Sie sich für ein E-Bay-Konto an, das Ihnen den Verkauf über E-Bay ermöglicht. Planen Sie auch den Kauf von Artikeln auf der Website, um Ihnen beim Aufbau Ihrer Benutzerqualifikationen zu helfen, damit die Leute etwas mehr Vertrauen in den Kauf bei Ihnen haben.

Veröffentlichen Sie, wenn möglich, Fotos der Artikel, die Sie verkaufen möchten. Artikel, die ein Foto von Artikeln haben, verkaufen sich viel schneller als solche, die kein Foto haben. Die Menschen sehen gerne, was sie kaufen, also bieten Sie ihnen die bestmögliche Fotoqualität.

Sehen Sie sich das gesamte Informationsmaterial sowie die Regeln auf der E-Bay-Website an, um Tipps zu erhalten, wie Sie mehr Verkäufe tätigen können und wie der Verkaufsprozess auf der Website funktioniert.

Der Verkauf über E-Bay ist eine großartige Möglichkeit, Ihr eigenes Online-Geschäft zu gründen. Dies ermöglicht Ihnen den ersten

Kontakt mit einem Online-Geschäft, ohne dass Sie zu Beginn über viel Ausrüstung verfügen müssen. Außerdem haben Sie den Vorteil, dass Sie die Gegenstände loswerden, die Ihr Haus verstopfen, und gleichzeitig etwas Geld verdienen.

Verdienen Sie Geld mit Mitgliederseiten

Einige Online-Unternehmer verdienen Geld, indem sie Mitgliedschaften an ihre Websites verkaufen.

Menschen kaufen Mitgliedschaften, um auf Inhalte zuzugreifen, die der Website-Eigentümer regelmäßig zur Verfügung stellt.

Beispielsweise können Sie Internetnutzern, die Artikel für Ihre Websites benötigen,

Mitgliedschaften anbieten. Die Mitgliedschaften müssten etwa alle paar Monate erneuert werden, je nachdem, wie gut Ihre Mitgliedschaften sind. Jedes Mal, wenn jemand Ihre Mitgliedschaft erneuert, verdienen Sie mehr Geld.

Das Gewinnpotenzial für diese Art von Unternehmen ist ziemlich hoch. Es wird Sie nicht viel kosten, Ihre Mitglieder mit Informationsmaterial zu versorgen, aber Sie können ihnen einen guten Betrag für den Zugang zu diesem Material berechnen, was Ihnen einen Gewinn verschafft, der weiter gegeben wird.

Welche Fähigkeiten sind nützlich?

Marketingfähigkeiten werden am nützlichsten sein. Wenn Sie diese Internetnutzer dazu bringen, auf Ihre Website zuzugreifen, um ihre Mitgliedschaft zu kaufen, können Sie damit Geld verdienen.

Ein gewisses Wissen darüber, wie man eine Website betreibt, könnte auch hilfreich sein, damit Ihre Website für Ihre Mitglieder reibungslos läuft.

Möglicherweise möchten Sie einige Kenntnisse über die von Ihnen angebotenen Produkte haben. Wenn Sie z.B. Ihren Mitgliedern Artikel anbieten, sollten Sie wissen, was einen Artikel gut macht und wie er für verschiedene Zwecke funktioniert.

Welche Instrumente werden benötigt?

Sie benötigen eine qualitativ hochwertige Website, um den Anforderungen gerecht zu werden, die die Mitgliedschaftsseite stellen wird. Sie müssen einen ausgezeichneten Service bieten, falls etwas mit der Website schief geht. Es gibt einige Softwareprogramme zur Verwaltung von Mitgliedschafts-Websites, die Ihnen helfen können, eine Mitgliedschafts-Website für weniger als 100 Dollar einzurichten.

Der Website-Inhalt ist ein weiteres Werkzeug, das Sie benötigen werden. Sie sollten Ihren zahlenden Mitgliedern neue Inhalte zur regelmäßigen Nutzung zur Verfügung stellen. Dies könnte in Form von schriftlichen Artikeln, Softwareprogrammen oder sogar Online-Spielen geschehen, je nachdem, was Sie Ihren Mitgliedern zukommen lassen wollen.

Wie fangen Sie an?

Sie müssen Ihre Mitgliedschaftswebsite im Voraus planen. Was wollen Sie Ihren Mitgliedern anbieten? Wird es Inhalte, Software usw. sein? Wenn Sie Ihre Entscheidung getroffen haben, denken Sie sich einen neuen und anderen Blickwinkel aus, den Sie Ihren Verbrauchern bieten können.

Sie könnten Inhalte in einer bestimmten Nische anbieten, wie z.B. Ernährung, oder Sie könnten eine bestimmte Art von schriftlichen Inhalten anbieten, was immer nötig ist, um Internetnutzern einen neuen Blickwinkel zu bieten. Damit heben Sie sich von der Masse der Konkurrenten ab.

Als Nächstes erstellen Sie Ihre Mitgliedschafts-Website mit einer Warenkorb-Funktion zur Abwicklung von Mitgliedschaftszahlungen. Softwareprogramme für die Mitgliederverwaltung sollten alles enthalten, was Sie zur Führung Ihres Unternehmens benötigen. Alles, was Sie brauchen, ist der Inhalt, den Sie Ihren Mitgliedern geben können.

Der wichtigste Schritt wird die Vermarktung Ihrer Mitgliedschaftswebsite sein, damit sie von den Menschen gefunden wird.

Marketingtechniken werden später in diesem Bericht erörtert.

Mitgliedsseiten können Ihnen eine Möglichkeit bieten, ein Residualeinkommen zu erzielen. Wenn die Menschen mit dem, was Sie ihnen geben, zufrieden sind, werden sie kein Problem damit haben, Ihnen ihr Geld zu geben, damit sie ihren Zugang zu den Inhalten Ihrer Website immer wieder erneuern können.

Verdienen Sie Geld mit dem Verkauf von Produkten

Diese Art von Geschäften kann auf verschiedene Weise durchgeführt werden. Eine Möglichkeit besteht darin, eigene Produkte herzustellen und zu verkaufen.

Handwerker treten häufig in diese Art von Unternehmen ein, um ihre eigenen Kreationen an die Internetöffentlichkeit zu verkaufen. Auch Scrapbooker wählen diesen Weg für ihr Geschäft.

Eine andere Möglichkeit, Produkte zu verkaufen, ist die Nutzung eines Online-Shops, der andere Produkte verkauft. Es gäbe kein Inventar von Gegenständen, die bei Ihnen zu Hause gelagert werden müssten, und Sie müssten auch nichts direkt von Ihrem eigenen Standort aus versenden. Die Produkte werden über den "Laden" bestellt, den Sie eingerichtet haben, und der Großhändler, der sie liefert, wird die Artikel für Sie direkt an die Kunden versenden.

Welche Fähigkeiten sind nützlich?

Die Fähigkeiten, die Sie haben sollten, sind die Fähigkeit, hart zu arbeiten, und gute Fähigkeiten im Kundenservice. Sie werden einen Großteil Ihrer Zeit damit verbringen, Ihre Websites zu vermarkten, damit potenzielle Kunden Sie finden können. Sie müssen eine gute Website einrichten lassen, um Ihren Kunden alles zu bieten, was sie brauchen, um zu entscheiden, ob sie Ihre Produkte kaufen wollen oder nicht.

Die Kunden werden Fragen zu Ihren Produkten haben, und es kann sein, dass Sie einige Probleme haben, die Sie lösen müssen, so dass gute Fähigkeiten im Kundenservice unerlässlich sind. Wenn Sie eine gute Beziehung zu Ihren Kunden aufbauen, beginnt der Kundenzyklus, indem Sie wiederkommen, um mehr von Ihnen zu kaufen. Ein erstklassiger Kundenservice wird Ihnen dabei helfen, dies zu erreichen.

Welche Instrumente werden benötigt?

Wenn Sie sich dafür entschieden haben, Produkte zu verkaufen, die Sie selbst hergestellt haben, müssen Sie einen Bestand an Artikeln vorrätig halten, um sie herzustellen. Erkundigen Sie sich bei einigen Verkäufern nach guten Angeboten für Artikel, die in großen Mengen gekauft werden, damit Sie etwas Geld sparen können.

Natürlich brauchen Sie eine Website, und Ihre Kunden müssen Ihre Produkte finden, sehen, was sie sind, und eine Möglichkeit haben, das, was Sie anbieten, zu bestellen. Stellen Sie sicher, dass die Website über eine Warenkorbfunktion verfügt, um den Kaufprozess für Ihr Unternehmen zu erleichtern.

Wie fangen Sie an?

Als Erstes werden Sie entscheiden wollen, was Sie verkaufen wollen. Schaffen Sie Ihre eigenen Produkte, um sie anzubieten, oder planen Sie, andere Produkte mit Hilfe von Direktverladern zu verkaufen?

Wenn Sie vorhaben, Artikel zu verkaufen, die Sie selbst herstellen, dann müssen Sie nach den Anbietern für den Bestand recherchieren, den Sie für die Herstellung dieser Produkte benötigen. Füllen Sie einige davon im Voraus auf, damit Sie sie sofort versenden können, wenn die Verbraucher anfangen, Ihr Produkt zu bestellen, und sie nicht noch ein oder zwei Tage warten lassen, während Sie sie erfinden.

Wenn die Planungsphase abgeschlossen ist, müssen Sie Ihre Website erstellen, um sie zu verkaufen. Stellen Sie sicher, dass die Website leicht zu navigieren ist und nicht so störend wirkt, dass Ihr Unternehmen in wenigen Sekunden offline geht.

Der letzte Schritt zum Einstieg in dieses Geschäft wird natürlich die Vermarktung Ihrer Produkte sein, die später in diesem

Bericht besprochen wird. Dieser Schritt ist der wichtigste, wenn Sie wollen, dass Ihr Unternehmen erfolgreich ist, also knausern Sie nicht damit.

Der Verkauf von Produkten ist eine großartige Möglichkeit, online Geld zu verdienen. Wenn Sie bereits Produkte erstellen, die Sie an Freunde und Familie verschenken möchten, gibt es keinen Grund, warum Sie das Produkt nicht online nehmen und mit dem Verkauf beginnen sollten.

Wenn Ihnen die Idee gefällt, Produkte zu verkaufen, Sie aber keine für sich selbst schaffen wollen oder wenn Sie einfach keine Lust haben, kreativ zu sein, dann können Sie diese Art von Geschäft erreichen, indem Sie sich Produkte von jemand anderem schicken lassen. Wenn Sie auf diese Weise online beginnen, haben Sie die Flexibilität, die notwendige Zeit mit Ihrer Familie zu verbringen und trotzdem Ihren Lebensunterhalt zu verdienen.

Verdienen Sie Geld mit dem Verkauf von Produkten vom Typ Information

Das Internet ist ein großartiger Ort, um Ihr Wissen zu verkaufen. Es gibt viele Menschen, die fast alles bezahlen würden, um Informationen zu erhalten, die sie sich verzweifelt wünschen. Wenn Sie über das gewünschte Wissen verfügen, könnten Sie ein beträchtliches Einkommen erzielen.

Informationsprodukte gibt es in vielen Formen. Es könnte einer der folgenden Fälle sein:

- Elektronische Bücher
- Elektronische Kurse

- Tutorials
- Leitfaden
- Podcasts

Dabei handelt es sich um beliebte Informationsprodukte, die bei Internetnutzern sehr begehrt sind. Wenn Sie etwas zu sagen haben, könnte dies das richtige Geschäft für Sie sein.

Welche Fähigkeiten sind nützlich?

Sie müssen über Kenntnisse des Themas verfügen, das Sie Ihren Verbrauchern präsentieren werden. Dazu brauchen Sie keinen Doktortitel oder irgendetwas anderes, aber gute Kenntnisse auf diesem Gebiet wären hilfreich.

Die Möglichkeit, Ihre Materialien zu vermarkten, wird ebenfalls hilfreich sein. Je mehr Menschen Sie mit Ihren Produkten in

Kontakt bringen, desto mehr Menschen werden bei Ihnen kaufen wollen.

Welche Instrumente werden benötigt?

Welche Instrumente Sie benötigen, hängt davon ab, was Sie zur Verfügung stellen wollen. E-Books und Leitfäden könnten in Textverarbeitungsprogrammen geschrieben und dann in ein PDF-Dokument konvertiert werden, was der beliebteste Dokumententyp ist, den die Menschen wünschen.

Um erfolgreiche E-Learning-Kurse erstellen zu können, werden automatisierte Antwortprogramme benötigt. Für Podcasts wäre eine Software zur Audioaufnahme und -bearbeitung erforderlich. Tutorials können auf zwei verschiedene Arten durchgeführt werden. Sie können eine PowerPoint-Präsentation verwenden, um Ihr Material zu präsentieren, oder Sie können Video-Tutorial-Software verwenden. Video-

Tutorials eignen sich hervorragend, um Benutzern Schritt für Schritt zu zeigen, wie man ein bestimmtes Programm benutzt.

Sie benötigen auch Websites und Blogs, um für Ihre Informationsprodukte zu werben.

Wie kann man anfangen?

Sie werden sich für ein Thema für Ihr Produkt entscheiden müssen. Was wissen Sie am besten darüber, was Sie Ihren potenziellen Kunden anbieten könnten? Wenn Sie wissen, was Sie anbieten wollen, recherchieren Sie das Thema, um zu sehen, ob Sie einen neuen und einzigartigen Blickwinkel für die Präsentation finden können.

Da es im Internet viele E-Books, Tutorials usw. zum Verkauf gibt, müssen Sie etwas Neues finden, das Sie Ihren Kunden anbieten können. Sie werden nicht so bereit sein, auf ihr Geld zu verzichten, wenn sie nicht glauben, dass Sie ihnen etwas Neues zu bieten haben.

Schreiben oder zeichnen Sie Ihr Informationsprodukt auf und bearbeiten Sie es dann zu Ihrer Zufriedenheit. Sobald Sie es so haben, wie Sie es wollen, können Sie mit dem Verkauf beginnen. Erstellen Sie ein Blog oder eine Website, um es zu verkaufen.

Vergewissern Sie sich, dass der Inhalt der Webkopie der Website die Aufmerksamkeit der Internetnutzer auf sich zieht, damit diese das kaufen können, was Sie anbieten.

Engagieren Sie einen Werbetexter, wenn Sie es sich leisten können, den Text zu schreiben, um für diese Materialien zu werben. Sie können Inhalte auf eine Art und Weise schreiben, die Ihr Produkt so begehrenswert macht, dass jeder es kaufen möchte.

Die Erstellung von Informationsprodukten kostet Sie nicht viel, aber Sie können sie mit gutem Gewinn verkaufen. Dies ist eine großartige Möglichkeit, online ein Einkommen zu verdienen und gleichzeitig einen flexiblen Zeitplan einzuhalten, der es Ihnen ermöglicht, mehr Zeit mit Ihrer Familie zu verbringen.

Verdiene Geld beim Bloggen

Blogs begannen vor Jahren als eine Möglichkeit für Menschen, sich mit anderen zu verbinden und Bilder, Geschichten und Erfahrungen auszutauschen.

Es wurde als ein großartiges persönliches Tagebuchinstrument angesehen, mit dem sich durch ihre Begegnungen im Internet ein Zeichen setzen ließ.

Blogs entwickelten sich zu hervorragenden Marketing-Instrumenten, aber auch zu einem Mittel, um Geld zu verdienen. Es gibt ein paar verschiedene Möglichkeiten, mit Blogs Einkommen zu erzielen. Hier sind einige davon:

Adsense-Anzeigen: Beliebte Suchmaschinen bieten eine Möglichkeit, mit jedem Blog oder jeder Website ein wenig zusätzliches Geld zu verdienen. Die Idee besteht darin, diese Anzeigen auf Ihrer Website zu platzieren, und wenn ein Besucher auf eine Anzeige auf Ihrer Website klickt, verdienen Sie einen vorher festgelegten Geldbetrag. Je mehr Klicks Sie von Besuchern Ihrer Website erhalten können, desto mehr können Sie tun. Es gibt einige Regeln. Wenn Sie sich also für diesen Weg entscheiden, stellen Sie sicher, dass Sie lernen, was Sie nicht tun sollten, bevor Sie sich für deren Programme anmelden.

Produktbesprechungen: Es gibt einige Websites, bei denen Sie sich registrieren können und die Ihnen helfen können, mit anderen Unternehmen in Verbindung zu treten, die Menschen brauchen, um ihre Produkte zu überprüfen und auf ihren Blogs etwas Aufmerksamkeit zu erhalten. Normalerweise ist die wichtigste Voraussetzung dafür ein Blog, das schon eine Weile existiert und eine gute Besucherzahl hat. Diese Unternehmen würden Ihnen einen bestimmten Betrag zahlen, wenn Sie Ihr Produkt in ihrem Blog bewerten.

Kontextbezogene Links: Einige Geschäftsinhaber oder Websites bezahlen einen Blogger dafür, dass er einen ihrer Links in ihren Blog-Einträgen veröffentlicht. Die Eigentümer können sich an den Blog-Autor oder an ein Unternehmen wenden, das als Vermittler fungiert. Diese Unternehmen werden Blogs finden, die mit ihren Unternehmenswebsites in Verbindung stehen, so dass die auf den Blogs angebotenen Links suchmaschinenfreundlich sein werden. Dies ist eine großartige Möglichkeit, etwas zusätzlichen Traffic für eine Website zu gewinnen.

Produkte verkaufen: Blogs sind eine weitere Möglichkeit, die eigenen Produkte zu verkaufen. Diejenigen, die Unternehmen haben, die Wohnaccessoires oder Lebensmittel verkaufen, nutzen Blogs sehr häufig, um ihre Produkte zu verkaufen und mehr Geld online zu verdienen.

Welche Fähigkeiten wären nützlich?

Mit dieser Art von Geschäft ist nicht viel Geschick verbunden, außer der Fähigkeit, Ihren Blog zu vermarkten. Sie werden so viel wie möglich über Blogs recherchieren wollen, um einige Tricks und Kniffe zu lernen, wie Sie Ihren Blog populär machen können.

Welche Instrumente wären erforderlich?

Ihr Hauptwerkzeug wäre neben einem Computer mit Internetanschluss ein Blog. Es gibt viele Blog-Programme zur Auswahl. Einige sind bei der Gründung frei, während andere eine monatliche oder jährliche Gebühr verlangen, um zu beginnen.

Die kostenpflichtigen Versionen der Blogging-Programme können Ihnen helfen, sich mit anderen Blogs zu verbinden und Ihren Blog-Traffic zu erhöhen. Die kostenlosen Versionen sind extrem einfach einzurichten und die meisten sind bei Bloggern sehr beliebt, so dass es nicht allzu schwierig wäre, Leute zu finden, mit denen man in Kontakt treten kann.

Wie kann ich anfangen?

Melden Sie sich bei einem Blog-Programm an und beginnen Sie mit der Veröffentlichung in diesem Programm. Stellen Sie sicher, dass Sie regelmäßig bloggen, d.h. etwa zweimal pro Woche. Blogs, die nicht regelmäßig aktualisiert werden, neigen dazu, im Cyberspace verloren zu gehen.

Vermarkten Sie Ihr Blog so viel wie möglich. Abonnieren Sie Blog-Verzeichnisse, tragen Sie die Blog-Rollen anderer Personen ein und kommentieren Sie die Beiträge anderer Blog-Autoren, um etwas Aufmerksamkeit für Ihren Blog zu erhalten. Je mehr Verkehr Sie auf Ihr Blog leiten können, desto größer sind Ihre Chancen, Blogs zu einer lukrativen Möglichkeit zu machen, Geld zu verdienen.

Bei den meisten Blogging-Programmen ist ein Protokoll für AdSense-Anzeigen bereits in den Einstellungen enthalten, so dass der

Einstieg leicht fallen wird. Wenn Sie Produktbesprechungen und kontextbezogene Links anbieten möchten, sollten Sie eine Weile bloggen und eine gute Menge an Traffic erhalten.

Wenn Ihr Blog fertig ist, suchen Sie nach Unternehmen, die Ihnen dabei helfen, mit Unternehmen in Kontakt zu treten, die dafür bezahlen möchten, dass ihre Produkte überprüft oder ihre Links in Ihre Blog-Einträge eingefügt werden. Sobald Sie eingerichtet sind, können Sie damit beginnen, mit Ihrem Blog zusätzliche Einnahmen zu erzielen.

Das Bloggen ist eine einfache Möglichkeit, etwas zusätzliches Geld zu verdienen, wenn Sie vorhaben, hart an der Vermarktung zu arbeiten. Diejenigen, denen es gelingt, für Geld zu bloggen, nutzen alle möglichen Wege, um ihr Blog in Internet-Gemeinschaften bekannt zu machen.

Diejenigen, die dies nicht tun, verdienen in der Regel nur ein paar Cents pro Woche.

Werden Sie einer der erfolgreichsten Blogger und machen Sie Ihr Blog zu Ihrem Geschäft und nicht nur zu einem Hobby, an dem Sie von Zeit zu Zeit teilnehmen können. Ihr Portemonnaie wird es Ihnen danken.

Verdiene Geld, indem du andere trainierst

Ein Coach ist jemand, der sein Wissen in einem bestimmten Beruf mit anderen teilt, die in diesem Bereich ebenfalls erfolgreich sein wollen. Coaches können Experten in allem sein, vom Schreiben über Marketing bis hin zum Unternehmen selbst.

Wenn Sie über gute Kenntnisse oder Erfahrungen in einem bestimmten Bereich verfügen, können Sie ganz einfach Coach werden und dabei Geld verdienen. Es gibt viele Coaches, die anderen im Webdesign, im Grafikdesign und sogar auf dem Gebiet des Coachings helfen.

Ein Coach würde Neuankömmlingen in diesem Bereich Tipps und Techniken anbieten und während ihres gesamten Lernprozesses Fragen beantworten.

Welche Fähigkeiten sind nützlich?

Die wichtigste Fähigkeit, die Sie für diese Art von Geschäft besitzen sollten, ist die Fähigkeit, ein guter Zuhörer zu sein. Sie müssen auch viel Geduld für Ihre Kunden haben. Diejenigen, die Sie beauftragen, sie auszubilden, wollen, dass Sie sich ihre schlechten Erfahrungen anhören und ihnen aus dem Schlamassel heraushelfen, in dem sie stecken, egal wie seltsam sie auch erscheinen mögen.

Um in diesem Geschäft eine gute Beziehung und Glaubwürdigkeit aufzubauen, müssen Sie Ihr Gebiet gut kennen. Wenn Sie noch nie eine Website gestaltet haben, wäre es keine gute Idee, ein Webdesign-Coach zu sein, denn Ihr Mangel an Erfahrung wird sofort erkannt und Ihr Vertrauen geht verloren.

Welche Instrumente werden benötigt?

In dieser Art von Geschäft sollten Sie über Folgendes verfügen:

- Computer
- E-Mail-Programm
- Website
- Informativer Inhalt für Ihre Website.

- Warenkorbfunktion für Ihre Website zur Zahlungsabwicklung
- Dediziertes Telefon für geschäftliche Zwecke.

Die meisten Ihrer Kundengespräche werden wahrscheinlich über Ihre E-Mail-Programme laufen, aber einige Leute fühlen sich vielleicht wohler, mit Ihnen auf einer individuelleren Basis zu sprechen, deshalb sollten Sie ein Telefon in Ihre Werkzeugliste aufnehmen.

Wie fangen Sie an?

Planen Sie Ihr Unternehmen: Welchen Service werden Sie anbieten, über den Sie Bescheid wissen? Holen Sie sich einige Artikel und andere schriftliche Inhalte, die erstellt wurden, um sie auf einer Website zu platzieren und so zur Glaubwürdigkeit und zum Expertenstatus Ihres Unternehmens beizutragen.

Erklären Sie auf Ihrer Website, wie Ihr Dienst funktioniert und wie hoch Ihre Gebühr sein wird. Zeigen Sie einige Erfahrungsberichte von anderen Personen, die Ihre Dienste bereits in Anspruch genommen haben und mit den Ergebnissen zufrieden waren. Machen Sie Ihre Website leicht navigierbar, damit andere nicht bei der Suche nach Informationen über Ihr Coaching-Geschäft verloren gehen.

Vermarkten Sie Ihr Coaching-Geschäft, damit Kunden zu Ihnen kommen. Planen Sie die Ziele, die der Kunde damit erreichen will, und besprechen Sie, wie diese Ziele erreicht werden sollen. Hören Sie sich ihre Probleme und Fragen an und geben Sie aufschlussreiche Antworten und Unterstützung, um sie auf dem Weg zu ihren Zielen zu unterstützen.

Trainerinnen und Trainer sind online sehr begehrt für diejenigen, die über gute Kenntnisse oder Erfahrungen in einem bestimmten Bereich verfügen. Nutzen Sie das, was Sie über ein Thema wissen, und bieten Sie anderen einen Schulungsservice an, um ihnen zu helfen, Experten wie Sie auf demselben Gebiet zu werden.

Verdienen Sie Geld im Genealogie-Geschäft

Dies ist eine perfekte Geschäftsmöglichkeit für diejenigen, die gerne forschen und etwas über unsere Vorfahren erfahren möchten. Genealogen verdienen ihren Lebensunterhalt mit der Erstellung von Stammbäumen für andere Menschen, die nicht die Zeit oder Geduld haben, dies selbst zu tun.

Fast jeder möchte wissen, woher er stammt und was seine Vorfahren getan haben, das die Welt hätte prägen können. Sie können sich ihre Neugier zunutze machen, indem Sie für sie recherchieren und ihnen ihr Familienerbe zur Verfügung stellen.

Welche Fähigkeiten wären nützlich?

Exzellente Forschungs- und Organisationsfähigkeiten werden eine hohe Priorität haben. Um diese Fähigkeiten geht es bei der Genealogie. Sie müssen wissen, wo und wie Sie das Erbe jeder Familie recherchieren können, und in der Lage sein, alle Informationen in einem für Ihre Kunden leicht verständlichen Format zu platzieren.

Welche Instrumente wären erforderlich?

Sie benötigen einen Computer mit einer zuverlässigen Internetverbindung. Sie sollten einige der besten Genealogie-Websites abonnieren, die für Ihre Forschung zur Verfügung stehen. Sie sollten auch in einige Leitfäden investieren oder einige Kurse besuchen, um einige Tipps und Tricks für die Erforschung von Stammbäumen zu lernen.

Sie würden eine Website benötigen, um Ihr Unternehmen zu verwalten. Die Kunden müssen wissen, wie Sie Ihre Arbeit erledigen und wie viel Sie verlangen. Stellen Sie nach Möglichkeit einige Beispiele zur Verfügung, um Kunden zu zeigen, wie gründlich Ihre Arbeit ist.

Wie fangen Sie an?

Sammeln Sie alle Ihre Materialien und finden Sie Genealogie-Websites, die Sie abonnieren können. Erstellen Sie eine Website, um Ihre Dienstleistung zu verkaufen, und beginnen Sie dann mit der Vermarktung Ihres Unternehmens, um Kunden auf Ihre Website zu locken.

Nutzen Sie Ihre Internet-Ressourcen zur Recherche, ebenso wie lokale Bibliotheken, Gerichte und historische Gesellschaften. Es kann sein, dass Sie Personen befragen müssen, um Zugang zu bestimmten Informationen zu erhalten, so dass Sie ein Telefon finden müssen.

Erstellen Sie Ihr Stammbaumdokument, das alle Informationen zum Familienerbe enthält, oder verwenden Sie Softwareprogramme, die diese Informationen bereitstellen.

Wenn Sie gerne recherchieren und sich für historische Dokumente interessieren, dann sollten Sie diese Art von Geschäft in Betracht ziehen. Erfüllen Sie die Forderung, dass die Menschen ihre Familiengeschichte entdecken und Geld verdienen müssen, indem Sie etwas tun, was Sie gerne tun.

Verdienen Sie Geld mit Desktop Publishing

Wenn Sie ein kreativer Mensch sind und einen Computer gut nutzen können, sollten Sie ein Online-Geschäft mit Desktop-Publishing in Betracht ziehen. Hier können Sie Dokumente, Flyer, Broschüren, Kalender und Anzeigen erstellen.

Alle diese Arten von Dokumenten werden mit einem oder zwei Programmen auf Ihrem Computer erstellt, so dass Sie keine teuren Maschinen zur Erstellung dieser Dokumente benötigen.

Es gibt viele Menschen, die diese kreativen Seiten für alle möglichen Zwecke suchen und nicht wissen, wie man sie erstellt. Wenn Sie über einige Kenntnisse auf diesem Gebiet verfügen, können Sie damit Geld verdienen, indem Sie ihnen diese Kreationen zur Verfügung stellen.

Welche Fähigkeiten sind nützlich?

Die Fähigkeit, sich am Computer zu bewegen und verschiedene Arten von Softwareprogrammen zu benutzen, sind einige Fähigkeiten, die Sie haben sollten. Man muss kein Künstler sein, um in diesem Geschäft tätig zu sein, denn alles wird mit Hilfe des Computers gemacht.

Welche Instrumente werden benötigt?

Neben einem Computer müssen Sie über die folgende Ausrüstung verfügen:

- Desktop-Publishing-Software
- Bildbearbeitungs-Software
- Laser- oder Farbdrucker

- Scanner
- Hochwertiges Druckerpapier

Vergewissern Sie sich, dass Sie wissen, wie Sie alle Funktionen Ihrer Geräte richtig nutzen können, damit Sie Ihren Kunden den besten Qualitätsservice bieten können.

Wie kann man anfangen?

Sie sollten alle Geräte erhalten, die Sie für Ihr Geschäft benötigen. Wählen Sie eine Nische, um Ihre Marketing-Bemühungen zu fokussieren, und erstellen Sie dann eine Website, die diese Nische widerspiegelt. Auf Ihrer Website sollten Sie potenziellen Kunden Arbeitsproben zur Verfügung stellen, um Ihr Fachwissen in diesem Bereich zu präsentieren.

 WIE MAN GELD ONLINE VERDIENT

Sie können Ihre Kenntnisse auch durch die Lektüre von Tutorials oder Leitfäden im Bereich des Desktop-Publishing auffrischen.

Desktop-Publishing kann ein sehr lohnendes Geschäft für jeden sein, der es unternimmt und liebt, Kreationen zu verwirklichen, um jemanden eifersüchtig zu machen. Wenn Sie zu diesen Menschen gehören und etwas wollen, das Ihnen Flexibilität gibt, dann ist dies das Geschäft, für das Sie sich entscheiden sollten.

Aus ungewöhnlichen Ideen ein Unternehmen gründen

Wir haben die konventionelleren Mittel zur Gründung eines Online-Geschäfts diskutiert. Es gibt auch einige unkonventionelle Mittel, die in Betracht gezogen werden sollten. Mit unkonventionell meinen wir jene Ideen, die aufkamen und von anderen ausgelacht wurden. Jene Menschen, die diese Ideen an die Spitze brachten und ein gutes Auskommen hatten. Dies sind einige dieser Ideen, von denen die Leute dachten, sie würden nie abheben:

Verkauf alter Seminare: Ein Kind verdiente seinen Lebensunterhalt damit, alte Seminare zu finden und zu verkaufen, die ursprünglich für Tausende von Dollar verkauft wurden.

Domänennamen: Jemand kam auf die Idee, einen Domänennamendienst für andere Leute zu verkaufen. Es klingt verrückt, aber das Geschäft ist für sie abgehoben. Es stellte sich heraus, dass einige Leute diesen Dienst benötigten.

Verkauf von gebrauchtem Verlobungsschmuck: Berichten zufolge stammt diese Idee von jemandem, der seine Verlobung löste, den Ring zurückbekam, aber entdeckte, dass er ihn nicht zum vollen Wert zurückgeben konnte. Sie gründeten einen Platz für andere Menschen im selben Boot, um ihren Schmuck zu verkaufen und das zurückzubekommen, was sie dafür bezahlt haben oder so nah wie möglich dran waren.

Schmetterlinge für den Lebensunterhalt verkaufen: Ja, das ist möglich, oder zumindest hat das eine Person herausgefunden, als jemand mit ihm gewettet hat, dass er sie nicht verkaufen kann. Er hat nicht nur diese Wette gewonnen, sondern auch eine Menge aus dieser kleinen Idee gemacht.

Es gibt noch viel mehr Ideen, die Menschen eingereicht und als Online-Geschäft zum

Laufen gebracht haben. Überprüfen Sie also Ihre Speicherbanken und schauen Sie, ob dort eine Idee versteckt ist, von der niemand glauben würde, dass sie funktionieren könnte. Es könnte ihnen einfach das Gegenteil beweisen...

Strategien, um Ihr Unternehmen erfolgreich zu machen

Nun, da Sie einige verschiedene Online-Unternehmen kennen gelernt haben, aus denen Sie wählen können, werden Sie einige Möglichkeiten kennen lernen wollen, wie Sie Ihr Unternehmen vermarkten können, damit Sie wie viele andere Internet-Vermarkter, die den von Ihnen gewünschten Weg gegangen sind, Erfolg haben können.

Lassen Sie uns einige der beliebtesten Marketingstrategien für Ihr Online-Geschäft untersuchen.

Webseite

Ihre Online-Geschäftswebsite ist der perfekte Ort, um damit zu beginnen. Wenn es eine Sache gibt, die über Ihr Geschäft entscheiden könnte, dann wäre es die Website selbst. Hier sind einige Dinge, die Sie zu Marketingzwecken über Ihre Website wissen sollten:

Domänenname: Der Domänenname ist die Adresse, um Ihre Website im Internet zu finden. Sie möchten einen Domänennamen wählen, der Ihrer Website oder Ihrem Firmennamen sehr ähnlich ist. Dies hilft jedem Internetbenutzer, Ihr Unternehmen leicht zu finden, wenn er nach einem bestimmten Thema sucht. Eine exakte Übereinstimmung wäre die beste Option, aber wenn sie nicht verfügbar ist, versuchen Sie, eine möglichst genaue Übereinstimmung zu finden.

Schlüsselwörter: Verwenden Sie die besten Schlüsselwörter, die Sie innerhalb des Inhalts Ihrer Website platzieren können. Schlüsselwörter sind Wörter, die Internet-Suchmaschinen verwenden, wenn sie zu Suchmaschinen gehen, um Informationen zu einem bestimmten Thema zu finden. Die Suchmaschine indiziert die Schlüsselwörter und platziert sie auf der Ergebnisseite für einen Benutzer. Je höher Ihre Website auf der Ergebnisseite steht, desto wahrscheinlicher ist es, dass der Benutzer Ihre Website zum Besuch auswählt.

Nischenmarketing: Eine Nische reduziert Ihr Unternehmen auf die Vermarktung an eine bestimmte Gruppe von Menschen. Beschränken Sie Ihre Marketingbemühungen auf eine kleinere Gruppe, damit Sie die Wünsche Ihrer Kunden erfüllen können. Größere Gruppen haben zu viele Menschen, die viele verschiedene Bedürfnisse haben. Das macht es schwierig, Ihr Publikum für das, was Sie haben, zu interessieren. Kleinere Gruppen werden die Menschen sein, die am ehesten das wollen, was Sie haben, also wird das Marketing viel einfacher sein.

Ihre Website sollte die Nische widerspiegeln, die Sie für Ihr Unternehmen wählen. Wenn Sie auf Mütter mit kleinen Kindern abzielen, sollte Ihre Website dies widerspiegeln. Es würde Grafiken haben, die eine Verbindung zu Müttern mit kleinen Kindern herstellen würden, und der Inhalt der Website sollte mit etwas geschrieben sein, auf das sie sich beziehen können. Dies wird auch bei Suchmaschinen helfen.

Blog: Stellen Sie ein Blog zu Ihrer Website zur Verfügung. Es sollte sich auf das Thema Ihrer Unternehmenswebsite beziehen. Persönliche Blogs sollten hier nicht verwendet werden. Wenn Sie ein Blogging-Programm verwenden, das nicht mit Ihrer Website verbunden ist, versuchen Sie, die Blog-Vorlage so zu gestalten, dass sie so gut wie möglich zu Ihrer Unternehmenswebsite passt, so dass es so aussieht, als ob das Blog mit der Website übereinstimmt.

Blogs sind eine weitere Möglichkeit, Suchmaschinen zu nutzen, um Besucher zu gewinnen. Wenn ein Besucher Ihren Blog findet, kann er sehen, dass Sie an anderer Stelle auf Ihrer Website mehr Informationen zu diesem Thema anzubieten haben, so dass er auf den dafür vorgesehenen Link klicken kann.

Junk-Mail

E-Mails sind für jede Marketingkampagne unerlässlich. Auf diese Weise halten Sie Ihr Unternehmen und Ihre Produkte in den Köpfen Ihrer potenziellen Kunden frisch.

Einen Besucher dazu zu bringen, Ihre Website zu besuchen, ist eine Sache, aber ihn dazu zu bringen, sich durch die Millionen anderer Websites an Sie zu erinnern, ist eine Sache für sich; besonders dann, wenn er am Kauf interessiert ist.

E-Mails werden in regelmäßigen Abständen verschickt, um Website-Besucher mit Informationen zu versorgen, die dazu beitragen, Glaubwürdigkeit aufzubauen und den Namen Ihres Unternehmens auf die Titelseite zu bringen. Dies kann auf zwei verschiedene Arten geschehen. Um E-Mail-Adressen zum Versenden Ihrer Nachrichten zu erhalten, müssen Sie eine optionale E-Mail-Funktion auf Ihrer Website bereitstellen, damit sich Personen anmelden können, um Updates zu Ihrem Angebot zu erhalten oder um weitere Informationen zu erhalten.

Newsletter: Diese werden verwendet, um kleine Artikel zu Themen zu liefern, die Ihr Unternehmen betreffen. Wenn Sie z.B.

Vitamine und Mineralien verkaufen, kann Ihr Newsletter Artikel über alternative Gesundheitspraktiken usw. anbieten, um zu zeigen, wie wichtig Ihr Produkt für sie ist.

Newsletter können an Ihre E-Mail-Postfächer mit der Einleitung eines Artikels und einem Link, über den sie zu Ihrer Website gelangen können, um den Rest des Artikels zu lesen, verschickt werden. Dadurch können sich die Benutzer mit Ihrer Website vertraut machen und sich leichter erinnern, wenn sie sich entscheiden, etwas zu kaufen, das Sie anbieten.

E-Kurse: Sie können auf Ihrer Website eine Registrierungsfunktion einrichten, mit der Besucher die Grundlagen zu einem Thema lernen können. Wenn Sie Vitaminpräparate verkaufen, können Sie einen E-Kurs nutzen, um Ihren Lesern beizubringen, wie sie die besten Produkte für verschiedene Arten von Gesundheitsproblemen auswählen können.

E-Kurse werden in der Regel über einen Zeitraum von 5-7 Tagen verschickt und oft kostenlos angeboten. So behalten Sie den Namen Ihres Unternehmens im Gedächtnis, indem Sie jeden Tag daran erinnert werden, dass der E-Kurs in Ihren Posteingang kommt.

Aktualisierungen: Für diejenigen, die bei Ihnen etwas gekauft haben, oder für Personen, die sich für diese Funktion registriert haben, können Sie ihnen Updates zu Ihren Produkten, Rabatten, Geschenken usw. zukommen lassen. Wenn Sie einen Besucher beim ersten Besuch nicht zum Kauf verleiten, kann er später vielleicht etwas sehen, das ihm ins Auge fällt und ihn zum Kauf anregt.

Aktualisierungen können auch dazu beitragen, mehr Besucher auf Ihre Website zu bringen. Diejenigen, die sich bereits in Ihre Listen eingetragen haben, werden Freunde,

Familie, Nachbarn und Mitarbeiter haben, die sie auf Ihr Unternehmen verweisen können, indem sie die Nachrichten einfach weiterleiten.

Artikel und andere schriftliche Inhalte

Neben der Bereitstellung guter Website-Inhalte können Artikel und andere schriftliche Inhalte auf vielfältige Weise zur Vermarktung Ihres Unternehmens genutzt werden. Hier sind einige dieser Möglichkeiten:

Artikelverzeichnisse: Artikelverzeichnisse bieten ausgezeichnete Marketing-Taktiken für Ihr Unternehmen. Durch das Schreiben und Einreichen eines Artikels, der sich auf Ihre Unternehmenswebsite bezieht, können Sie zwei Dinge erreichen...

1. Die Glaubwürdigkeit des Themas, über das Sie geschrieben haben

2. Erhöhen Sie die Besucherzahlen auf Ihrer Website, indem Sie einen Link zu Ihrer Unternehmenswebsite im Abschnitt über die Biografie des Autors auf den Seiten des Artikelverzeichnisses bereitstellen.

Diese Verzeichnisseiten werden im Allgemeinen auf der Ergebnisseite von Suchmaschinen gut platziert, so dass jemand, der über einen Ihrer Artikel stolpert, der in einem Verzeichnis eingereicht wurde, den Weg zu Ihrer Website finden kann, um weitere Informationen zu diesem Thema zu erhalten.

Artikel im Newsletter oder Blog einer anderen Website: Als Gastschreiber im Blog oder Newsletter einer anderen Website können Sie mit einer Gruppe von Personen kommunizieren, die Informationen zu einem Thema suchen.

Sie sollten in diesen Artikeln einen Link zu Ihrer Website angeben und dann den Gefallen erwidern, indem Sie den anderen Website-Eigentümer veranlassen, die gleiche Art von Artikeln in seinen Newslettern oder Blogs anzubieten.

Artikel auf Digg oder ähnlichen Sites: Wenn Sie einen Ihrer Artikel auf Digg oder einer ähnlichen Art von Site eingereicht haben, erhalten Sie mehr Zugang zu Ihrer Site. Digg ist eine Website, die Artikel anbietet, die andere Internetnutzer als gute Informationsartikel empfunden haben. Diejenigen Artikel, die eine große Anzahl von "Diggs" erhalten, werden an die Homepage geschickt, wo sie von vielen Benutzern eingesehen und überprüft werden können. Für diejenigen, die weitere Informationen zu diesem Thema wünschen, könnte der Link zu Ihrer Website aufgenommen werden.

Bieten Sie E-Books oder Leitfäden an: Sie können Ihren Kunden Informationen zu einem Thema anbieten und einen Link zu Ihrer Website einfügen, um sie mit Ihrem Unternehmen vertraut zu machen. Diese können kostenlos oder gegen eine geringe Gebühr angeboten werden.

Das Wort "frei" kann für jeden Benutzer ein starkes Wort sein und seine Aufmerksamkeit ganz leicht erregen. Es würde grundlegende Informationen zu einem Thema liefern und sie könnten daran interessiert sein, ein E-Book zu kaufen, das detailliertere Informationen zum gleichen Thema enthält.

Kontakte knüpfen für Marketing

Einer der erfolgreichsten Wege, den gesuchten Verkehr zu finden, ist der Kontakt mit anderen Gleichgesinnten. Dies sind die beliebtesten Wege, um für Ihre Marketingbedürfnisse Kontakte zu knüpfen:

Blog-Kommentare: Finden Sie andere Blogs, die die gleiche Art von Thema wie Ihre Website haben. Veröffentlichen Sie eine Antwort auf einige Ihrer Beiträge. Der Link auf Ihrer Website wird mit Ihrem Namen verknüpft, und diejenigen, die weitere Informationen zu diesem Thema suchen, werden Ihre Website oder Ihren Blog besuchen und sehen, was sie zu bieten haben.

Treten Sie den Forumsgemeinschaften bei: Finden Sie Message-Board-Gemeinschaften, die Themen im Zusammenhang mit Ihrer Website haben. Der Link Ihrer Website könnte auf der Signaturzeile stehen, so dass andere den Weg zu Ihrer Website finden und sehen können, was Sie haben. Prüfen Sie zuerst die Regeln des Vorstands, um sicherzustellen, dass dies erlaubt ist.

Wenn Sie regelmäßig in diesen Foren posten, können Sie als Experte auf diesem Gebiet Glaubwürdigkeit aufbauen und ein gewisses Vertrauen bei einigen potenziellen Verbrauchern gewinnen, die vielleicht daran denken, bei Ihnen zu kaufen. Auch andere Vorstandsmitglieder können Personen empfehlen, die über Ihre Website Bescheid wissen, also geben Sie alles zurück, was Sie von diesen Gemeinschaften erhalten.

Social-Networking-Sites: Zu den Social-Networking-Sites gehören beliebte Websites wie MySpace und Facebook. Diese Websites ziehen Menschen an, die nach anderen Menschen suchen, die sich für die gleichen Dinge wie sie interessieren.

Internet-Vermarkter nutzen sie ständig, um mit Menschen aus ihrem Zielpublikum in Kontakt zu treten. Menschen, die das gleiche Interesse wie Sie haben, können mit Ihnen kommunizieren und anfangen, Vertrauen aufzubauen. Sie werden empfänglicher dafür sein, von jemandem aus Ihrer "Gruppe" zu kaufen, oder sie geben Ihre Geschäftsinformationen möglicherweise an andere weiter, die sie kennen.

Verschiedene Marketingtechniken

Hier sind einige andere Techniken, die Sie in Ihren Marketingkampagnen einsetzen können:

Affiliate-Programme: Starten Sie Ihre Affiliate-Programme für Ihre Produkte. Lassen Sie andere Menschen etwas Geld verdienen, indem Sie Ihre Produkte für Sie vermarkten. Mehr Verkehr wird durch die Bemühungen eines anderen auf Ihre Website kommen.

Erfahren Sie, wie Sie Ihr eigenes erfolgreiches Partnerprogramm starten und eine Webseite auf Ihrer Website erstellen, auf der sich andere als Ihre Partner anmelden können. Dies können Sie in Ihren Newslettern ankündigen und Ihre Nachrichten aktualisieren.

Adwords: Suchmaschinen bieten diese Funktion für Geschäftsinhaber an, um Werbeflächen auf den Suchergebnisseiten zu kaufen. Jedes Mal, wenn jemand auf diese Anzeige klickt, wird der Suchmaschine ein bestimmter Geldbetrag in Rechnung gestellt.

Da Sie für die Klicks bezahlen, werden Sie die wünschenswerteste Anzeige anbieten wollen, um Ihre Rendite zu erhöhen. Schlechte Anzeigen können Sie Geld kosten, denn nicht jeder, der auf diese Anzeigen klickt, wird kaufen wollen. Behalten Sie diese Anzeigen im Auge und entfernen oder aktualisieren Sie sie bei Bedarf, um nicht zu viel Geld für Ihr Unternehmen zu verlieren.

Mundpropaganda-Kampagne: Dies ist die einfachste verfügbare Marketingtechnik. Eine einfache Mund-zu-Mund-Kampagne wird die Leute dazu bringen, Ihre Geschäftsinformationen an andere weiterzugeben, usw.

Das funktioniert sehr gut, wenn Kunden und Klienten vor Ort von Ihrem Unternehmen erfahren und es an andere weitergeben, die vielleicht auf der Suche nach den gleichen Produkten oder Informationen sind. Dies ist auch ein kostengünstiger Weg, Ihr Unternehmen zu vermarkten.

Pressemitteilungen verwenden: Diese Option kann verwendet werden, wenn Sie gerade Ihre Türen öffnen oder wenn Sie einen Rabatt oder einen Sonderverkauf anbieten. Pressemitteilungen werden an Websites geschickt, die sie für Internetbenutzer, die nach bestimmten Informationen suchen, bereitstellen.

Sie sind geschrieben, als ob sie Nachrichten wären, und sie zeigen ihre "Nachrichten" mit auffälligen, aufmerksamkeitsstarken Schlagzeilen und Informationen. Ihr Verkauf, Ihr Rabatt oder Ihre Unternehmensgründung wäre für potentielle Verbraucher und Kunden sehr exponiert.

Eine gut geschriebene Pressemitteilung zur Ankündigung Ihres Angebots kann genau das sein, was Sie brauchen, um eine große Menge an Besuchern auf die Website Ihres Unternehmens zu locken. Ziehen Sie in

Betracht, regelmäßig eine solche Umfrage durchzuführen, um den Namen Ihres Unternehmens in den Köpfen der Menschen frisch zu halten.

Schalten Sie eine Anzeige in der Lokalzeitung: Es gibt keine Regel, die besagt, dass Sie nur im Internet vermarkten müssen. Warum also nicht versuchen, lokal zu vermarkten, indem Sie Anzeigen in Lokalzeitungen schalten? Diese Anzeigen werden von den meisten Menschen gesehen, die in diesem Gebiet wohnen und dieses Dokument erhalten.

Manchmal erhalten Unternehmen ihre ersten Verkaufstransaktionen von lokalen Kunden, also vernachlässigen Sie bei der Planung Ihrer Marketingkampagne nicht Ihre lokale Umgebung.

Podcasting: Unter Podcasting versteht man Audio-Inhalte, die Menschen nutzen, um

Informationen bereitzustellen, die sie eher hören als lesen. Es gibt ihnen ein anderes Medium, um sich über ein Thema zu informieren, das sie interessiert. Die Menschen lieben die Möglichkeit, Podcasts zu hören, während sie etwas anderes tun, und nicht an ihrem Computerbildschirm kleben zu müssen.

Ihr Unternehmen gewinnt an Glaubwürdigkeit und Vertrauen bei den Zuhörern. Diese Zuhörer können zu Kunden werden, so dass Ihre Website mit dem Audioprogramm verlinkt wird.

Marketing auf der lustigen Seite

Die Menschen lieben es, Spaß zu haben, warum sollten Sie ihnen also nicht Ihre Marketingtechniken zur Verfügung stellen? Hier sind einige Möglichkeiten, wie Sie es ihnen geben können:

Organisieren Sie einen Wettbewerb: Die Leute werden von überall her kommen, wenn ein Wettbewerb angekündigt wird. Führen Sie einen auf Ihrem Blog oder Ihrer Website aus, um mehr Verkehr zu erzeugen. Sie werden den Wettbewerb stark vermarkten müssen, damit die Leute Bescheid wissen, aber sobald sie es wissen, werden sie angerannt kommen.

Machen Sie Ihren Wettbewerb zu einem lustigen Wettbewerb, an dem fast jeder teilnehmen kann. Bieten Sie einen Preis an, der sich für den Gewinner des Wettbewerbs lohnt. Wenn Sie das nicht tun, werden die Leute nicht mehr angerannt kommen, wenn Sie das nächste Mal einen Wettbewerb oder etwas für Ihr Unternehmen veranstalten.

Ein Wettbewerb könnte ein Quiz sein, an dem man teilnehmen kann, eine Internet-Safari, an der man teilnehmen kann, oder einfach eine Auslosung, bei der Namen gezogen werden.

Haben Sie Werbeprodukte mit Ihrem Firmenlogo: Websites wie Café express stellen Produkte wie T-Shirts, Kugelschreiber, Tassen und sogar Hüte mit Ihrem Logo her. Einige davon können verschenkt werden oder Sie können sie von Internetbesuchern über einen Link auf Ihrer Website kaufen lassen.

Diese Werbeartikel können so ausgestellt werden, dass jeder, der mit diesem Artikel in Kontakt kommt, Ihr Logo sieht und neugierig darauf ist, wessen Geschäft es ist. Sie können dann Ihre Website durchsuchen, um herauszufinden, was genau Sie anbieten.

Abschließende Gedanken

Jeder kann sein eigenes Online-Geschäft betreiben, unabhängig davon, ob er über umfangreiche Geschäftserfahrung verfügt oder nicht. Alles, was Sie wirklich brauchen, ist der Wille zum Erfolg und die Fähigkeit, hart zu arbeiten und alles über das Unternehmen, für das Sie sich entscheiden, zu lernen.

Unter den vielen Optionen, die Online-Unternehmen zur Verfügung stehen, können Sie eine finden, die Ihren Bedürfnissen und Fähigkeiten entspricht und die Sie mitbringen sollten. Nutzen Sie jede Marketingmethode, um Ihr Unternehmen in jeden Winkel der Internet-Welt zu bringen und den Verkehr auf Ihre Website zu lenken.

Die harte Arbeit und der Schweiß, die Sie anfangs investiert haben, werden sich am Ende auszahlen, da Sie anfangen können, sich ein wenig zu entspannen und vielleicht jemand anderen einstellen können, der einige Ihrer täglichen Aufgaben für Sie erledigt. Welchen besseren Weg gibt es, seinen Lebensunterhalt zu verdienen, als jemanden anderen einzustellen, der Ihre harte Arbeit für Sie erledigt?

Das Internet bietet immer mehr Möglichkeiten für Geschäftsinhaber, jeden Tag Geld zu verdienen. Warum also nicht gleich ins Auto steigen und anfangen, einige der Belohnungen zu ernten, die andere Internet-Verkäufer erzielen? Wenn sie es mit wenig Geschäftserfahrung tun können, können Sie es auch tun.

Besuchen Sie unsere Website! Holen Sie sich weitere Bücher von MENTES LIBRES!

https://www.amazon.de/MENTES-LIBRES/e/B08274DDV4?ref_=dbs_p_ebk_r00_abau_000000

Wenn Sie möchten, können Sie Ihren Kommentar zu diesem Buch hinterlassen, indem Sie auf den folgenden Link klicken, damit wir uns weiter entwickeln können! Vielen Dank für Ihren Kauf!

https://www.amazon.de/dp/B088T7KJDG

www.ingramcontent.com/pod-product-compliance
Lightning Source LLC
Chambersburg PA
CBHW050243220526
45465CB00002B/533